# 樊振东·『大满贯』

《乒乓世界》编辑部 编著

这里，群星闪耀

乒坛典藏·绽放巴黎

人民体育出版社

乒坛典藏·绽放巴黎

# 引子

“大满贯”，即一人集齐奥运会、世乒赛和世界杯的单打冠军，是每一位乒乓球运动员职业生涯的终极目标。自2016 年里约奥运会马龙和丁宁取得“大满贯”成就以来，世界乒坛已经八年没有诞生新的“大满贯”球员。1992 年瓦尔德内尔成为世界首个乒乓球“大满贯”球员后，人们还从来没有等过这么久。

东京奥运周期，樊振东的成绩极速提升，成为奥运会男单冠军的有力争夺者。持续了多年的“龙胖之争”在东京上演巅峰对决，年富力强的樊振东却输给了比自己大九岁的马龙，由此成就马龙的双圈“大满贯”。“未来是小胖的”，马龙对樊振东的这句鼓励，在那时成为有些人的笑谈。

PARIS 2024

巴黎奥运周期，樊振东卧薪尝胆，聚沙成塔，卫冕世乒赛冠军，加上此前的四次世界杯单打冠军，成就“大满贯”他只差一枚奥运金牌。然而，在冲刺巴黎的最后一年，樊振东却陷入低谷期，很多赛事都不顺利。但在启程巴黎前的最后一站 WTT 重庆冠军赛上，他成功解锁自己本赛季首个单打冠军，那个强势的樊振东回来了。

巴黎赛场上，因队友王楚钦的意外出局，保住男单金牌的重任早早地压在了樊振东一个人的肩上。这是国乒五金里赢得最艰难的一枚。樊振东一路过关斩将，特别是在 1/4 决赛和张本智和战到命悬一线的时候，强大的意志力支撑着他咬下这场比赛。从张本智和到费利克斯再到莫雷高德，樊振东赢了亚洲和欧洲最优秀也是最年轻的对手们，这枚成就“大满贯”的金牌来之不易且含金量十足。四年前的东京，他负于马龙，遗憾摘银。三年后的巴黎，他战胜莫雷高德，圆梦巅峰。

相较于单打，团体赛带给樊振东的压力更大，他打了四场“一单”，帮助中国队蝉联奥运会男团冠军。很多时候，所有人都认为他理所应当赢下比赛，但世上哪有什么理所应当，每一分球都是他拼尽全力，破釜沉舟，当作最后一球打出来的胜利。

从天才少年到超级全满贯得主，樊振东在一次次大赛的磨炼和洗礼中完成了蜕变。这枚巴黎奥运金牌，在其他人看来是冠军、是“大满贯”，而樊振东赋予它的意义是，“我战胜了自己”。

# 目录 CONTENTS

# PING PONG

## 男 单 *MEN'S SINGLES*



## 男 团 *MEN'S TEAMS*

OMEGA
3
CHINA

WONG Chun Ting
HKG

# 男 单

MEN'S SINGLES

1/32 决赛

>>> **2024 / 7 / 29**

对于自己的首场比赛，樊振东充满紧张与期待。

仅耗时 25 分钟，樊振东就以 4 比 0（11-6，11-4，11-7，11-2）轻取乌克兰选手扎穆登科，展现出了他的顶尖水平和强大心理素质。

# 男单

MEN'S SINGLES

1/16 决赛

>>> **2024 / 7 / 31**

面对来自中国香港的老对手黄镇廷，樊振东显得游刃有余，以 4 比 1（11-5，11-5，9-11，11-6，11-3）获胜。

两人在比赛的最后时刻还为观众奉献了一场精彩的“绕圈表演”。

PARI
202

# 男单

MEN'S SINGLES

1/8 决赛

>>> **2024 / 7 / 31**

樊振东在奥运赛场经历了难得且紧张的“一天两赛”。

短暂休整后，樊振东以 4 比 0（11-4，11-7，12-10，11-7）速胜美国选手卡纳克，强势晋级。

CHINA

# 男单

MEN'S SINGLES

1/4 决赛

>>> 2024 / 8 / 1
樊振东与日本乒坛新星张本智和狭路相逢，两人用一场七局大战，打出了本届奥运会的巅峰代表作。

在大分、小分几度落后的情况下，樊振东以4比3（2-11，9-11，11-4，11-7，4-11，11-7，11-7）完成了一场经典逆转。

PARIS 2024

# 男单

MEN'S SINGLES

半决赛

>>> **2024 / 8 / 2**

樊振东与东道主选手费利克斯展开激烈对决。

PARIS 2024

凭借强大的整体实力，樊振东没有给费利克斯太多机会，最终以 4 比 0（11-8，11-6，11-7，11-5）胜出，晋级决赛。

# 男 单

MEN'S SINGLES

决 赛

CHINA

>>> **2024 / 8 / 4**

樊振东与瑞典猛将莫雷高德交手，这是两人自 2021 年休斯敦世乒赛之后，第二次在“三大赛”的决赛中相遇。

对于樊振东来说，这场比赛意义重大，是他冲击“大满贯”的一场决战。

在先丢一局的情况下，樊振东顶住压力连胜四局，以 4 比 1（7-11，11-9，11-9，11-8，11-8）为国乒拿下巴黎第三金，也同时实现了自己的“大满贯”梦想。

PA
PA

ARIS 2024

# 男团

MEN'S TEAMS

1/8 决赛

>>> **2024 / 8 / 6**

男团比赛开始后，樊振东始终担任团队的第一单打。

首场比赛，他以 3 比 1（9-11，11-7，11-7，11-5）击败印度选手阿昌塔。

红双喜

OMEGA
S 2024

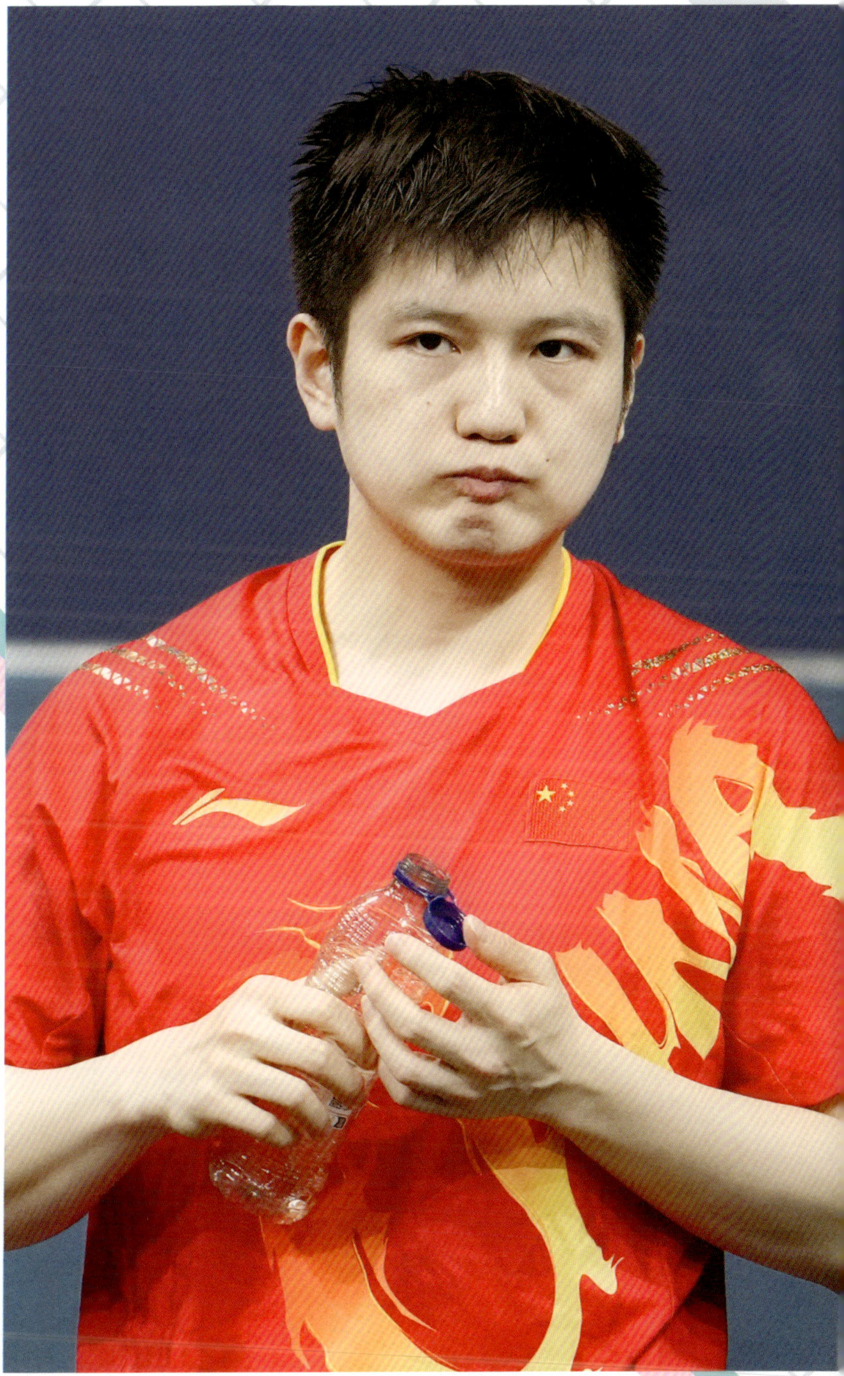

# 男团

MEN'S TEAMS

1/4决赛

>>> **2024 / 8 / 8**

中国队遇到了“签运不佳”的韩国队，最终以 3 比 0 取胜。

第二盘比赛，樊振东以 3 比 1（11-7，9-11，11-9，11-6）击败刚刚获得混双铜牌的林钟勋，为球队扩大领先优势。

PARIS 2024

# 男团

MEN'S TEAMS

## 半决赛

CHN
PARIS 2024
13-11

>>> **2024 / 8 / 8**

中国队在现场山呼海啸般的助威声中与东道主法国队作战。

再次面对费利克斯，樊振东不仅打得凶猛，更打得耐心，最终以 3 比 1（11-3，13-11，8-11，16-14）再次击败年仅 17 岁的法国小将。

PARiS 2024

# 男团

MEN'S TEAMS

决赛

>>> **2024 / 8 / 9**

最后一战，刚刚在单打赛场上封王的樊振东再度与瑞典对手莫雷高德交锋。

CHINA
OMEGA
CHN
FAN ZHENDONG
11-8
11-9

关键的第二盘比赛，二人纠缠至决胜局，最终樊振东毫不手软地遏制住对方的搏杀，以 3 比 2（10-12，11-8，11-9，11-13，11-5）为球队再立战功。

随中国队拿下男团冠军后，樊振东也以完美的表现结束了自己的巴黎征程。

SWE

CHINA

**图书在版编目（CIP）数据**

这里，群星闪耀 : 乒坛典藏 · 绽放巴黎. “大满贯”——樊振东 / 《乒乓世界》编辑部编著. -- 北京 : 人民体育出版社, 2025. -- ISBN 978-7-5009-6575-6

Ⅰ. K825.47

中国国家版本馆CIP数据核字第2024G7M022号

**这里，群星闪耀 : 乒坛典藏 · 绽放巴黎. “大满贯”——樊振东**

---

《乒乓世界》编辑部 编著
出　版：人民体育出版社
发　行：人民体育出版社
　　　　北京长江新世纪文化传媒有限公司
承印者：天津盛辉印刷有限公司印刷

开本：710 × 1000　16 开本　　印张：35.25　　字数：123 千字
版次：2025 年 3 月第 1 版　　印次：2025 年 3 月第 1 次印刷
书号：ISBN 978-7-5009-6575-6
印数：1—10,000 册
定价：236.00元（全套）



购买本社图书，如遇有缺损页可与发行与市场营销部联系
发行电话：（010）67151482
社　　址：北京市东城区体育馆路 8 号（100061）
网　　址：www.psphpress.com